Grundschule

Michael Junga

Übungen im Hunderterfeld

Mathematik verstehen lernen

1	2	3		A		7	8		10
	12	13	14		16	17		B	
C		23	24	25	26		28		30
	32		34	35		D		39	40
		E		45			48	49	50
	52		54		F		58	59	
		63	64	65		67	68		G
	H			75	76	77	78	79	
			I		86	87		89	9
				95	96		J		1

Mathematisches Denk- & Kombinationstraining für Grundschüler ab Klasse 2

www.kohlverlag.de

Übungen im Hunderterfeld

Mathematik verstehen lernen

1. Auflage 2024

Inhalt: Michael Junga
Umschlagbild: © Racle Fotodesign – AdobeStock.com & Kohl-Verlag
Redaktion: Kohl-Verlag
Grafik & Satz: Kohl-Verlag
Druck: Druckhaus Flock, Köln

Bestell-Nr. 13 146

ISBN: 978-3-98841-212-6

Bildquellen © AdobeStock.com:
S. 2: © Africa Studio; S. 3-31: © lukpedclub; S. 4-31: © Colorfuel Studio;

Inhaltsverzeichnis und Einleitung

Zielgruppe
Rechenkinder ab Klasse 2

Förderschwerpunkt
Mathematisches Denk- und Kombinationstraining

Aufgabe
Die Kinder sollen angeben, welche Zahlen im Hunderterfeld markiert wurden.

Nutzen
Die Kinder stärken ihre mathematische Kernkompetenz sowie ihr allgemeines Konzentrationsvermögen.

Innere Differenzierung
Die Übungsvorlagen lassen sich auch sehr gut im Rahmen der inneren Differenzierung einsetzen, da das Aufgabenformat in vier Variationen angeboten wird.

Materialumfang

- 1 Informationsseite
- 29 Kopiervorlagen mit Aufgaben in verschiedenen Niveaustufen

Über so eine Rückmeldung freut sich jedes Kind!

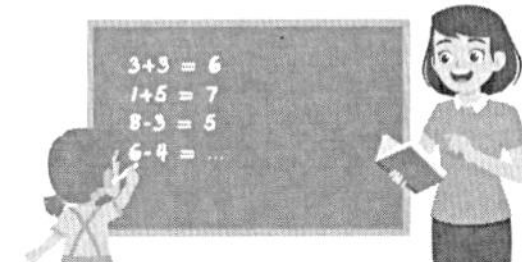

Dein Name: ____

Einfache Orientierungsübungen im Hunderterfeld – 1

Schreibe unten zu jedem Buchstaben, welche Zahl an seiner Stelle im Hunderterfeld steht.

1	2	3	4	5	6	(A)	8	9	10
11	12	(B)	14	15	16	17	18	19	20
21	(C)	23	24	25	26	27	28	29	30
31	32	33	34	(D)	36	37	38	39	40
41	42	43	44	45	46	(E)	48	49	50
51	52	53	54	55	56	57	58	(F)	60
61	62	63	(G)	65	66	67	68	69	70
71	72	73	74	75	(H)	77	78	79	80
81	82	83	84	85	86	87	(I)	89	90
91	92	(J)	94	95	96	97	98	99	100

(A)	(B)	(C)	(D)	(E)	(F)	(G)	(H)	(I)	(J)

- - - - - - - - Den Lösungsstreifen vor der Bearbeitung nach hinten knicken. - - - - - - - -

7	13	22	35	47	59	64	76	88	93

Dein Name: ______________________________

Einfache Orientierungsübungen im Hunderterfeld – 2

Schreibe unten zu jedem Buchstaben, welche Zahl an seiner Stelle im Hunderterfeld steht.

1	A	3	4	5	6	7	8	9	10
11	12	13	14	15	16	17	B	19	20
21	22	23	C	25	26	27	28	D	30
31	32	33	34	35	36	37	38	39	40
41	42	43	44	E	46	47	48	49	50
51	52	53	54	F	56	57	58	59	60
61	62	63	64	65	66	67	68	G	70
71	H	73	74	75	76	77	78	79	80
I	82	83	84	85	86	87	88	89	J
91	92	93	94	95	96	97	98	99	100

A	B	C	D	E	F	G	H	I	J

Den Lösungsstreifen vor der Bearbeitung nach hinten knicken.

2	18	24	29	45	55	69	72	81	90

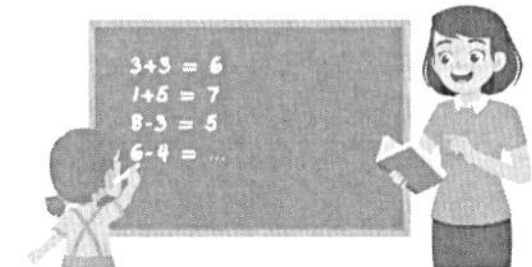

Dein Name: ______________________________

Einfache Orientierungsübungen im Hunderterfeld – 3

Schreibe unten zu jedem Buchstaben, welche Zahl an seiner Stelle im Hunderterfeld steht.

1	2	(A)	4	5	6	7	8	9	10
11	12	13	(B)	15	16	17	18	19	20
(C)	22	23	24	25	26	27	28	29	30
31	32	33	34	(D)	36	37	38	39	40
41	42	(E)	44	45	46	47	48	49	50
51	52	53	54	55	56	57	(F)	59	60
61	62	63	(G)	65	66	67	68	69	70
71	72	73	74	75	(H)	77	78	79	80
81	82	83	84	85	86	(I)	88	89	90
91	92	93	94	95	96	97	98	99	(J)

(A)	(B)	(C)	(D)	(E)	(F)	(G)	(H)	(I)	(J)

Den Lösungsstreifen vor der Bearbeitung nach hinten knicken.

3	14	21	35	43	58	64	76	87	100

Dein Name: ______________________________

Einfache Orientierungsübungen im Hunderterfeld – 4

Schreibe unten zu jedem Buchstaben, welche Zahl an seiner Stelle im Hunderterfeld steht.

1	2	3	4	5	6	7	8	A	10
11	12	13	14	15	16	17	B	19	20
21	22	23	24	25	C	27	28	29	30
31	32	33	34	35	36	37	38	D	40
41	42	43	44	45	46	E	48	49	50
51	52	F	54	55	56	57	58	59	60
G	62	63	64	65	66	67	68	69	70
71	72	73	H	75	76	77	78	79	80
81	82	83	I	85	86	87	88	89	90
91	J	93	94	95	96	97	98	99	100

A	B	C	D	E	F	G	H	I	J

Den Lösungsstreifen vor der Bearbeitung nach hinten knicken.

9	18	26	39	47	53	61	74	84	92

KOHL VERLAG Übungen im Hunderterfeld – Bestell-Nr. 13 146

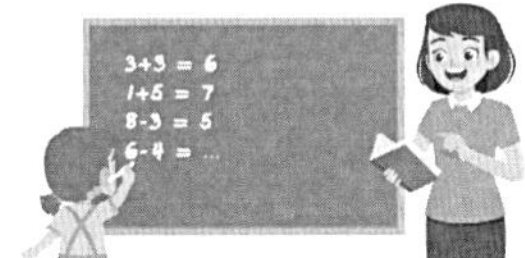

Dein Name: ______________________________

Einfache Orientierungsübungen im Hunderterfeld – 5

Schreibe unten zu jedem Buchstaben, welche Zahl an seiner Stelle im Hunderterfeld steht.

1	2	3		(A)		7	8	9	10
11	12	13	14	15	16	17		(B)	
(C)		23	24	25	26	27	28	29	30
31	32	33	34	35		(D)		39	40
41		(E)		45	46	47	48	49	50
51	52	53	54		(F)		58	59	60
61	62	63	64	65	66	67	68		(G)
	(H)		74	75	76	77	78	79	80
81	82		(I)		86	87	88	89	90
91	92	93	94	95	96		(J)		100

(A)	(B)	(C)	(D)	(E)	(F)	(G)	(H)	(I)	(J)

Den Lösungsstreifen vor der Bearbeitung nach hinten knicken.

5	19	21	37	43	56	70	72	84	98

Dein Name: ______________________________

Einfache Orientierungsübungen im Hunderterfeld – 6

Schreibe unten zu jedem Buchstaben, welche Zahl an seiner Stelle im Hunderterfeld steht.

	A		4	5	6	7	8	9	10
11	12	13	14	15	16		B		20
21	22		C		26	27		D	
31	32	33	34	35	36	37	38	39	40
41	42	43		E		47	48	49	50
51	52	53		F		57	58	59	60
61	62	63	64	65	66	67		G	
	H		74	75	76	77	78	79	80
I		83	84	85	86	87	88		J
91	92	93	94	95	96	97	98	99	100

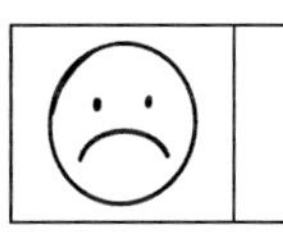

A	B	C	D	E	F	G	H	I	J

Den Lösungsstreifen vor der Bearbeitung nach hinten knicken.

2	18	24	29	45	55	69	72	81	90

KOHL VERLAG Übungen im Hunderterfeld – Bestell-Nr. 13 146

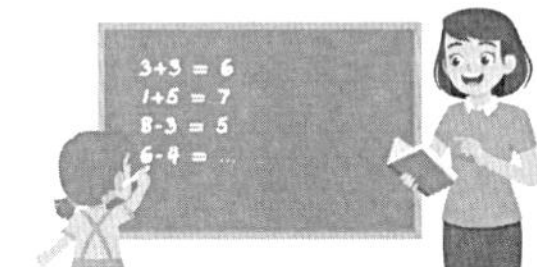

Dein Name: ______________________________

Einfache Orientierungsübungen im Hunderterfeld – 7

Schreibe unten zu jedem Buchstaben, welche Zahl an seiner Stelle im Hunderterfeld steht.

1		A		5	6	7	8	9	10
11	12		B		16	17	18	19	20
C		23	24	25	26	27	28	29	30
31	32	33		D		37	38	39	40
41		E		45	46	47	48	49	50
51	52	53	54	55	56		F		60
61	62	63	64	65	66	67		G	
71	72	73	74		H		78	79	80
81	82	83	84	85		I		89	90
91	92	93	94	95	96	97	98		J

A	B	C	D	E	F	G	H	I	J

Den Lösungsstreifen vor der Bearbeitung nach hinten knicken.

3	14	21	35	43	58	69	76	87	100

Dein Name: ___________________________________

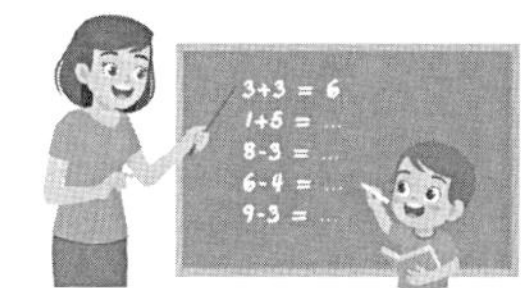

Einfache Orientierungsübungen im Hunderterfeld – 8

Schreibe unten zu jedem Buchstaben, welche Zahl an seiner Stelle im Hunderterfeld steht.

1	2	3	4	5	6	7		A	
11	12	13	14	15	16		B		20
21	22	23	24		C		28	29	30
31	32	33	34	35	36	37		D	
41	42	43	44	45		E		49	50
51		F		55	56	57	58	59	60
G		63	64	65	66	67	68	69	70
71	72		H		76	77	78	79	80
81	82		I		86	87	88	89	90
	J		94	95	96	97	98	99	100

A	B	C	D	E	F	G	H	I	J

Den Lösungsstreifen vor der Bearbeitung nach hinten knicken.

9	18	26	39	47	53	61	74	84	92

KOHL VERLAG Übungen im Hunderterfeld – Bestell-Nr. 13 146

Dein Name: ______________________________

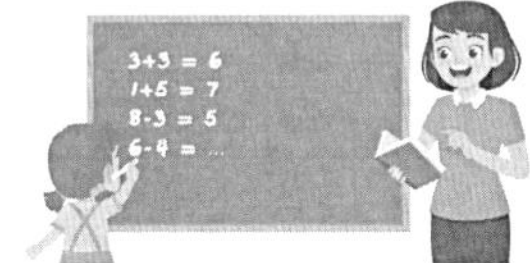

Mittelschwere Orientierungsübungen im Hunderterfeld – 1

Schreibe unten zu jedem Buchstaben, welche Zahl an seiner Stelle im Hunderterfeld steht.

1	2	3		(A)		7	8		10
	12	13	14		16	17		(B)	
(C)		23	24	25	26		28		30
	32		34	35		(D)		39	40
41		(E)		45			48	49	50
51	52		54		(F)		58	59	
61		63	64	65		67	68		(G)
	(H)			75	76	77	78	79	
81			(I)		86	87		89	90
91	92	93		95	96		(J)		100

   !

(A)	(B)	(C)	(D)	(E)	(F)	(G)	(H)	(I)	(J)

Den Lösungsstreifen vor der Bearbeitung nach hinten knicken.

5	19	21	37	43	56	70	72	84	98

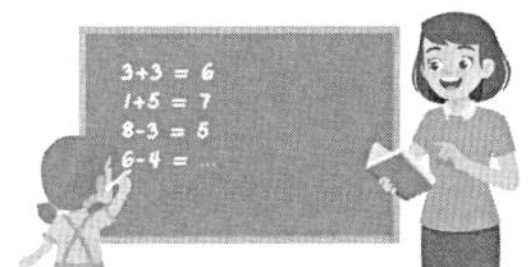

Dein Name: ______________________________

Mittelschwere Orientierungsübungen im Hunderterfeld – 2

Schreibe unten zu jedem Buchstaben, welche Zahl an seiner Stelle im Hunderterfeld steht.

	A		4	5	6	7		9	10
11		13		15	16		B		20
21	22		C		26	27		D	
31	32	33			36	37	38		40
41	42	43		E		47	48	49	50
51	52	53		F		57	58		60
61		63	64		66	67		G	
	H		74	75	76	77	78		
I		83	84	85	86	87	88		J
	92	93	94	95	96	97	98	99	

   !

A	B	C	D	E	F	G	H	I	J

Den Lösungsstreifen vor der Bearbeitung nach hinten knicken.

2	18	24	29	45	55	69	72	81	90

Dein Name: ______________________________

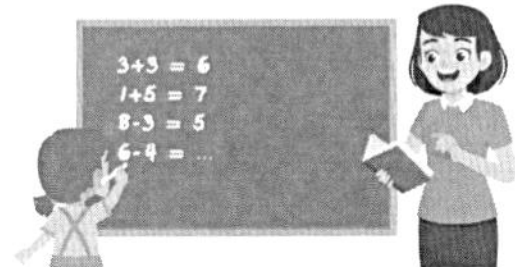

Mittelschwere Orientierungsübungen im Hunderterfeld – 3

Schreibe unten zu jedem Buchstaben, welche Zahl an seiner Stelle im Hunderterfeld steht.

1		A		5	6	7	8	9	10
	12		B		16	17	18	19	20
C		23			26	27	28	29	30
	32			D		37	38	39	40
41		E			46	47		49	50
51	52		54	55	56		F		60
61	62	63	64	65		67		G	
71	72	73	74		H		78		80
81	82	83	84	85		I		89	
91	92	93	94	95	96		98		J

!

A	B	C	D	E	F	G	H	I	J

Den Lösungsstreifen vor der Bearbeitung nach hinten knicken.

3	14	21	35	43	58	69	76	87	100

Dein Name: ____________________________________

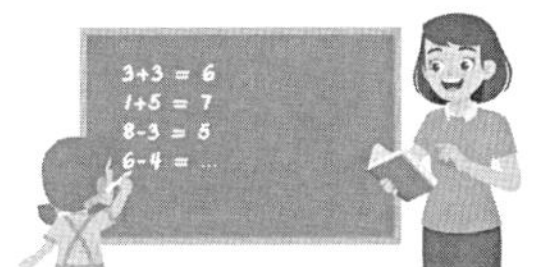

Mittelschwere Orientierungsübungen im Hunderterfeld – 4

Schreibe unten zu jedem Buchstaben, welche Zahl an seiner Stelle im Hunderterfeld steht.

1	2	3	4	5	6	7		(A)	
11	12	13	14	15			(B)		20
21	22	23	24		(C)				30
31	32	33	34	35				(D)	
41	42		44	45		(E)			50
		(F)		55	56		58	59	60
(G)				65	66	67	68	69	70
	72		(H)		76	77	78	79	80
81			(I)		86	87	88	89	90
	(J)			95	96	97	98	99	100

   !

A	B	C	D	E	F	G	H	I	J

Den Lösungsstreifen vor der Bearbeitung nach hinten knicken.

9	18	26	39	47	53	61	74	84	92

KOHL VERLAG Übungen im Hunderterfeld – Bestell-Nr. 13 146

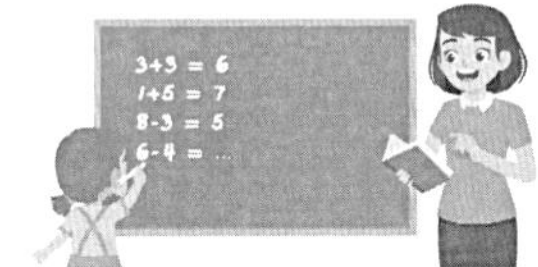

Dein Name: ______________________________

Mittelschwere Orientierungsübungen im Hunderterfeld – 5

Schreibe unten zu jedem Buchstaben, welche Zahl an seiner Stelle im Hunderterfeld steht.

1	2	3	4	(A)	6	7	8	9	10
11								(B)	20
(C)									30
31						(D)			40
41		(E)							50
51					(F)				60
61									(G)
71	(H)								80
81			(I)						90
91	92	93	94	95	96	97	(J)	99	100

   !

(A)	(B)	(C)	(D)	(E)	(F)	(G)	(H)	(I)	(J)

Den Lösungsstreifen vor der Bearbeitung nach hinten knicken.

5	19	21	37	43	56	70	72	84	98

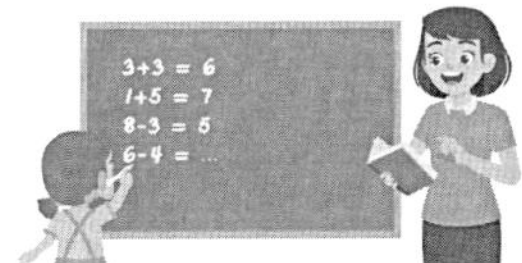

Dein Name: ____________________________________

Mittelschwere Orientierungsübungen im Hunderterfeld – 6

Schreibe unten zu jedem Buchstaben, welche Zahl an seiner Stelle im Hunderterfeld steht.

1	(A)	3	4	5	6	7	8	9	10
11							(B)		20
21			(C)					(D)	30
31									40
41				(E)					50
51				(F)					60
61								(G)	70
71	(H)								80
(I)									(J)
91	92	93	94	95	96	97	98	99	100

   !

A	B	C	D	E	F	G	H	I	J

Den Lösungsstreifen vor der Bearbeitung nach hinten knicken.

2	18	24	29	45	55	69	72	81	90

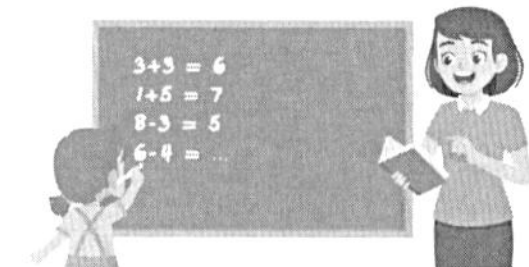

Dein Name: ______________________________

Mittelschwere Orientierungsübungen im Hunderterfeld – 7

Schreibe unten zu jedem Buchstaben, welche Zahl an seiner Stelle im Hunderterfeld steht.

1	2	(A)	4	5	6	7	8	9	10
11			(B)						20
(C)									30
31				(D)					40
41		(E)							50
51							(F)		60
61								(G)	70
71					(H)				80
81						(I)			90
91	92	93	94	95	96	97	98	99	(J)

   !

(A)	(B)	(C)	(D)	(E)	(F)	(G)	(H)	(I)	(J)

Den Lösungsstreifen vor der Bearbeitung nach hinten knicken.

3	14	21	35	43	58	69	76	87	100

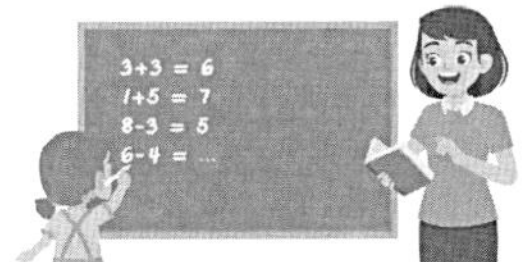

Dein Name: ____________________

Mittelschwere Orientierungsübungen im Hunderterfeld – 8

Schreibe unten zu jedem Buchstaben, welche Zahl an seiner Stelle im Hunderterfeld steht.

1	2	3	4	5	6	7	8	(A)	10
11							(B)		20
21					(C)				30
31								(D)	40
41						(E)			50
51		(F)							60
(G)									70
71			(H)						80
81			(I)						90
91	(J)	93	94	95	96	97	98	99	100

   !

(A)	(B)	(C)	(D)	(E)	(F)	(G)	(H)	(I)	(J)

Den Lösungsstreifen vor der Bearbeitung nach hinten knicken.

9	18	26	39	47	53	61	74	84	92

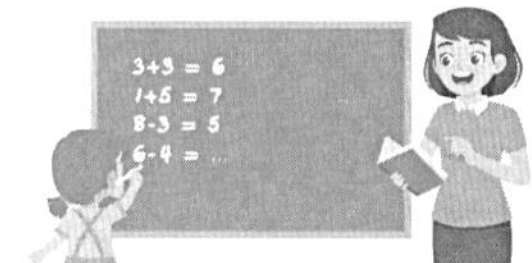

Dein Name: ______________________

Mittelschwere Orientierungsübungen im Hunderterfeld – 9

Schreibe unten zu jedem Buchstaben, welche Zahl an seiner Stelle im Hunderterfeld steht.

1				A					10
								B	
C									
						D			
		E							
					F				
									G
	H								
			I						
91							J		100

!

A	B	C	D	E	F	G	H	I	J

Den Lösungsstreifen vor der Bearbeitung nach hinten knicken.

5	19	21	37	43	56	70	72	84	98

KOHL VERLAG Übungen im Hunderterfeld – Bestell-Nr. 13 146

Dein Name: ______________________________

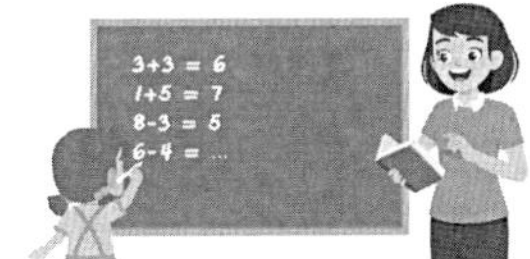

Mittelschwere Orientierungsübungen im Hunderterfeld – 10

Schreibe unten zu jedem Buchstaben, welche Zahl an seiner Stelle im Hunderterfeld steht.

1	A								10
							B		
			C					D	
				E					
				F					
								G	
	H								
I									J
91									100

!

A	B	C	D	E	F	G	H	I	J

- - - - - - - - - - - - Den Lösungsstreifen vor der Bearbeitung nach hinten knicken. - - - - - - - - - - - -

2	18	24	29	45	55	69	72	81	90

Dein Name: ____________________________________

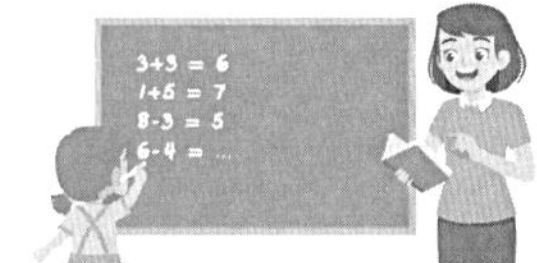

Mittelschwere Orientierungsübungen im Hunderterfeld – 11

Schreibe unten zu jedem Buchstaben, welche Zahl an seiner Stelle im Hunderterfeld steht.

1		A							10
			B						
C									
				D					
		E							
							F		
								G	
					H				
						I			
91									J

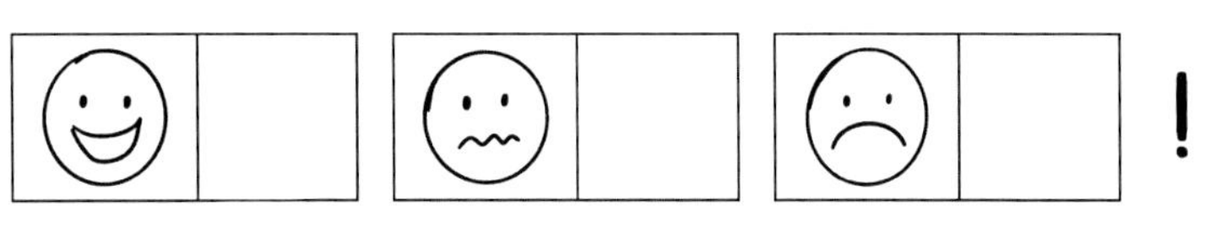

!

A	B	C	D	E	F	G	H	I	J

Den Lösungsstreifen vor der Bearbeitung nach hinten knicken.

3	14	21	35	43	58	69	76	87	100

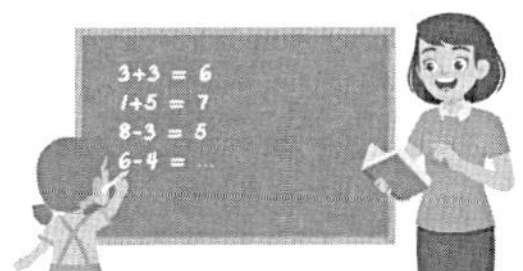

Dein Name: ______________________________

Mittelschwere Orientierungsübungen im Hunderterfeld – 12

Schreibe unten zu jedem Buchstaben, welche Zahl an seiner Stelle im Hunderterfeld steht.

1								A	10
							B		
					C				
								D	
						E			
		F							
G									
			H						
			I						
91	J								100

   !

A	B	C	D	E	F	G	H	I	J

Den Lösungsstreifen vor der Bearbeitung nach hinten knicken.

9	18	26	39	47	53	61	74	84	92

Dein Name: ______________________________

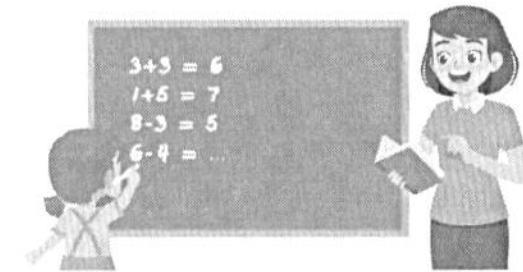

Anspruchsvolle Orientierungsübungen im Hunderterfeld – 1

Schreibe unten zu jedem Buchstaben, welche Zahl an seiner Stelle in dem Ausschnitt aus einem Hunderterfeld steht.

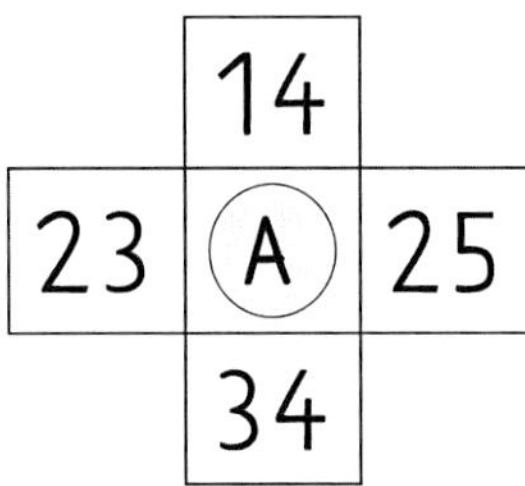

	14	
23	A	25
	34	

	19	
28	B	30
	39	

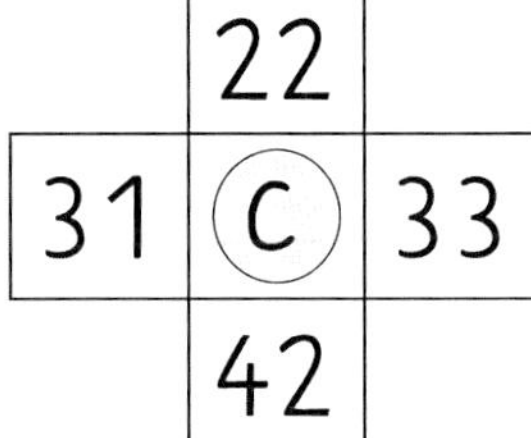

	22	
31	C	33
	42	

	37	
46	D	48
	57	

	39	
48	E	50
	59	

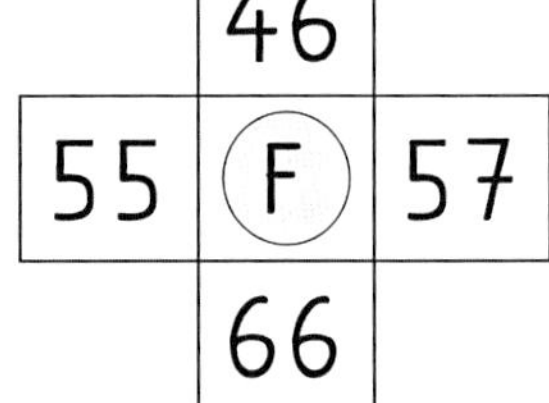

	46	
55	F	57
	66	

	49	
58	G	60
	69	

	55	
64	H	66
	75	

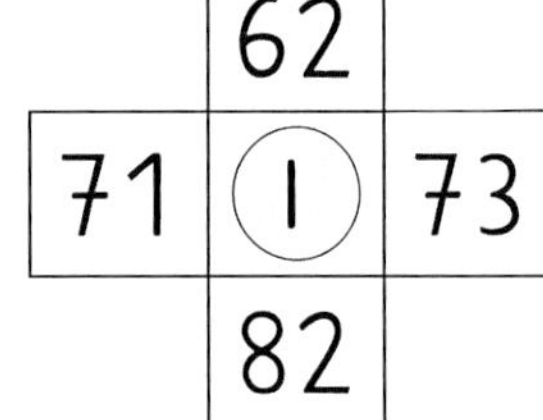

	62	
71	I	73
	82	

	67	
76	J	78
	87	

	73	
82	K	84
	93	

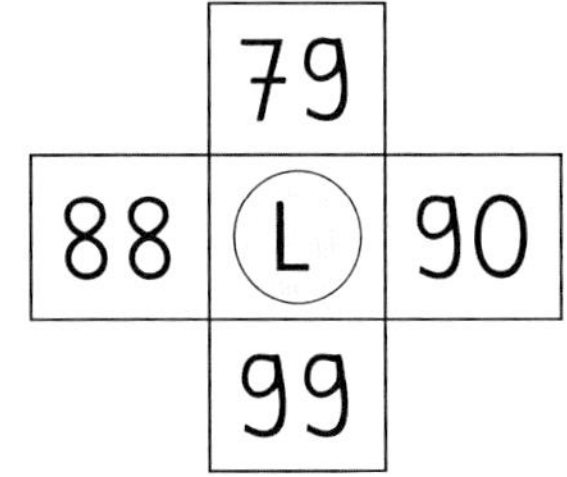

	79	
88	L	90
	99	

  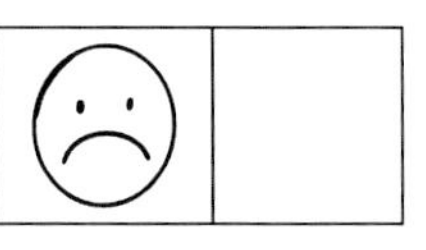 ★ 

A	B	C	D	E	F	G	H	I	J	K	L

Den Lösungsstreifen vor der Bearbeitung nach hinten knicken.

24	29	32	47	49	56	59	65	72	77	83	89

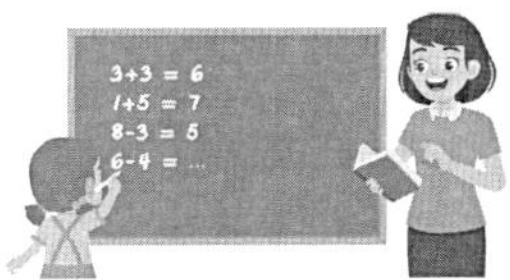

Dein Name: ____________________________________

Anspruchsvolle Orientierungsübungen im Hunderterfeld – 2

Schreibe unten zu jedem Buchstaben, welche Zahl an seiner Stelle in dem Ausschnitt aus einem Hunderterfeld steht.

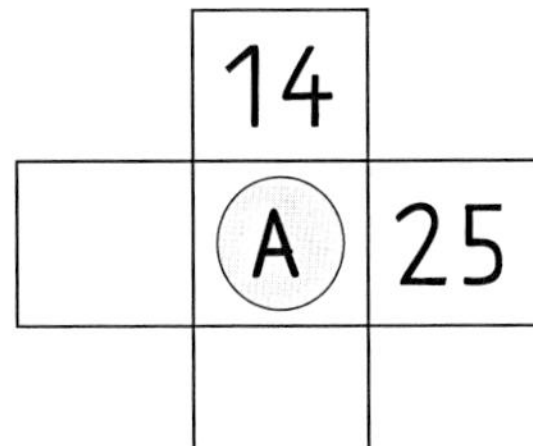

	14	
	(A)	25

	19	
	(B)	30

	22	
	(C)	33

	37	
	(D)	48

	39	
	(E)	50

	46	
	(F)	57

	49	
	(G)	60

	55	
	(H)	66

	62	
	(I)	73

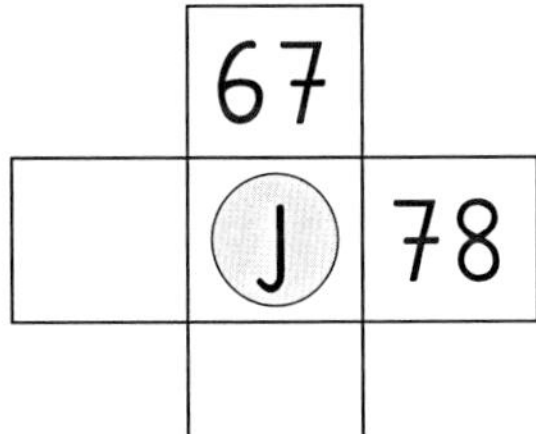

	67	
	(J)	78

	73	
	(K)	84

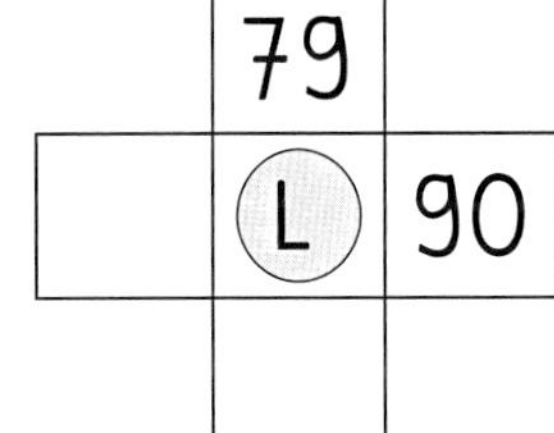

	79	
	(L)	90

★

A	B	C	D	E	F	G	H	I	J	K	L

Den Lösungsstreifen vor der Bearbeitung nach hinten knicken.

24	29	32	47	49	56	59	65	72	77	83	89

Dein Name: ______________________________

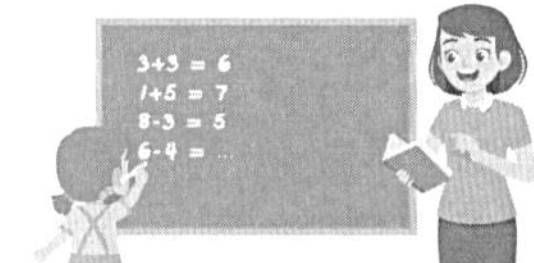

Anspruchsvolle Orientierungsübungen im Hunderterfeld – 3

Schreibe unten zu jedem Buchstaben, welche Zahl an seiner Stelle in dem Ausschnitt aus einem Hunderterfeld steht.

	14	
	A	

	B	
	39	

31	C	

	D	48

	39	
	E	

	F	
	66	

58	G	

	H	66

	62	
	I	

	J	
	87	

82	K	

	L	90

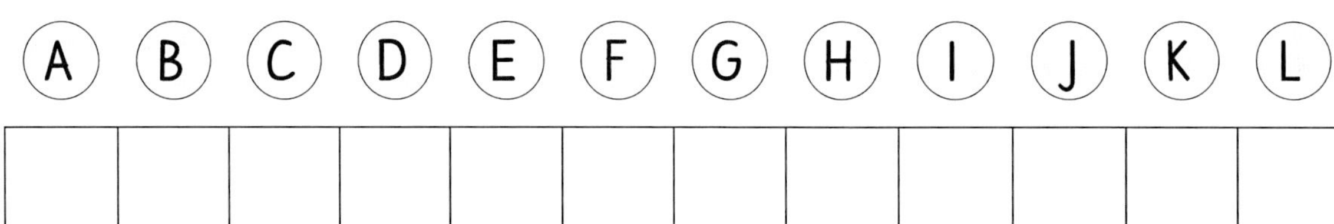

A	B	C	D	E	F	G	H	I	J	K	L

Den Lösungsstreifen vor der Bearbeitung nach hinten knicken.

24	29	32	47	49	56	59	65	72	77	83	89

Dein Name: ______________________________

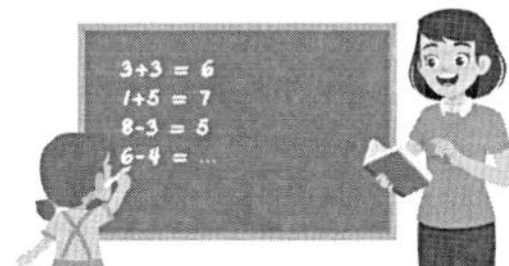

Anspruchsvolle Orientierungsübungen im Hunderterfeld – 4

Schreibe unten zu jedem Buchstaben, welche Zahl an seiner Stelle in dem Ausschnitt aus einem Hunderterfeld steht.

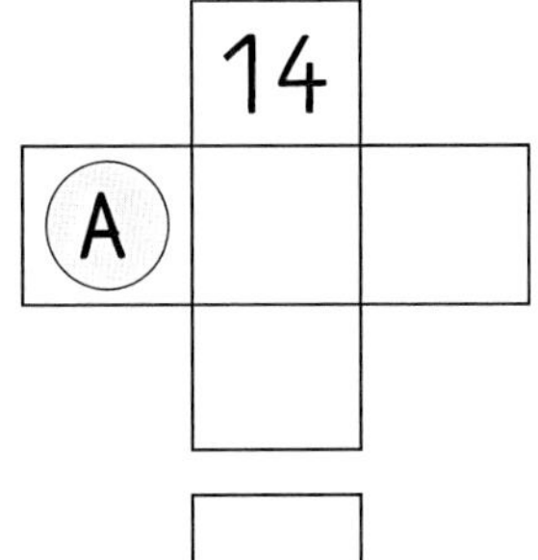

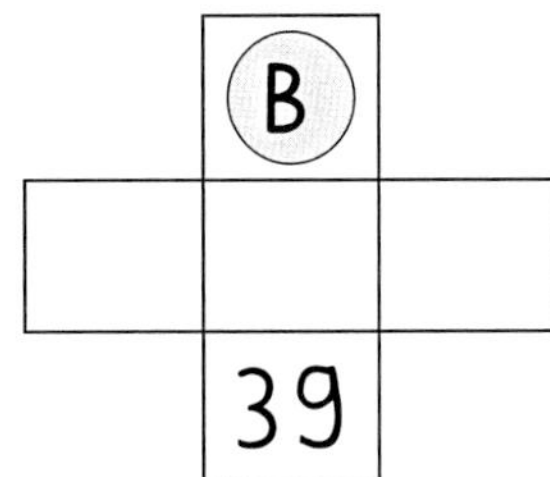

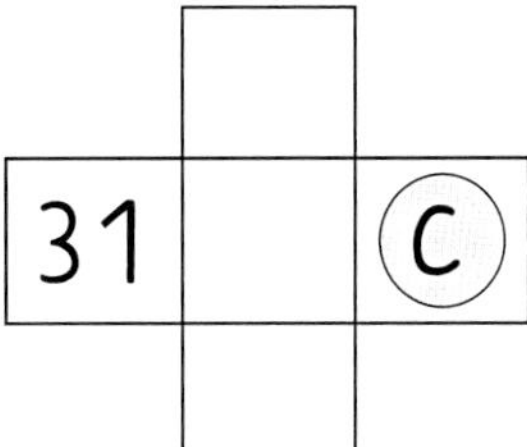

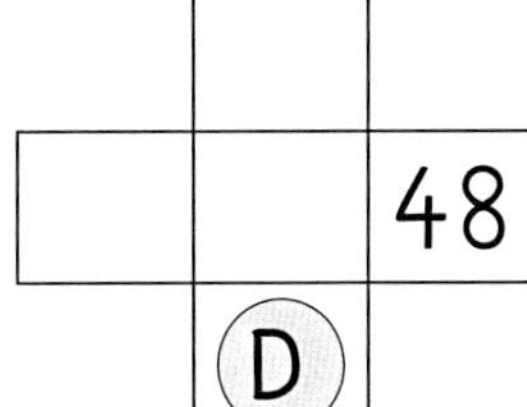

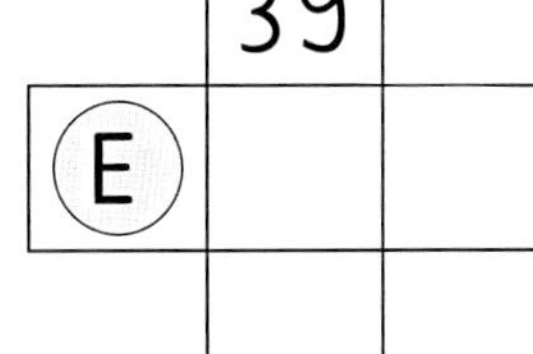

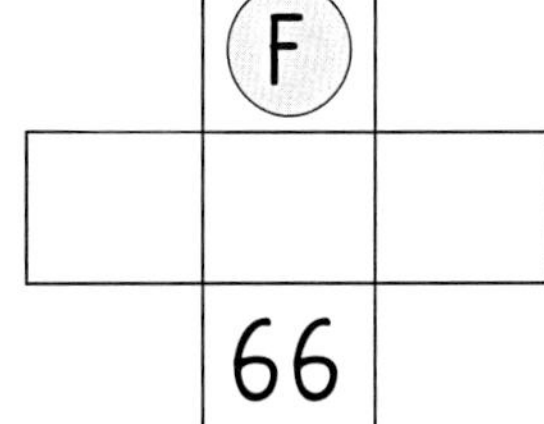

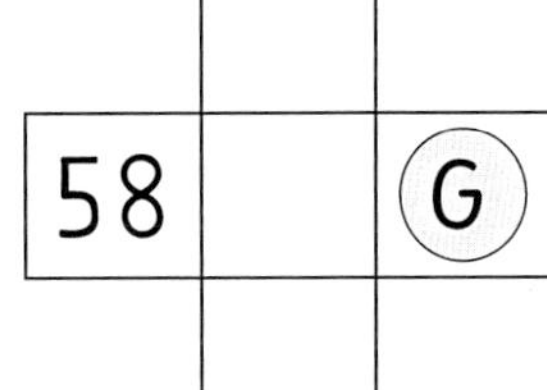

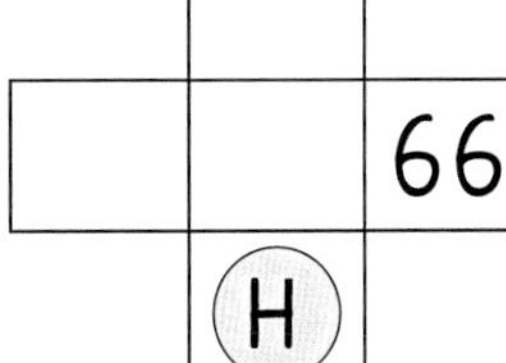

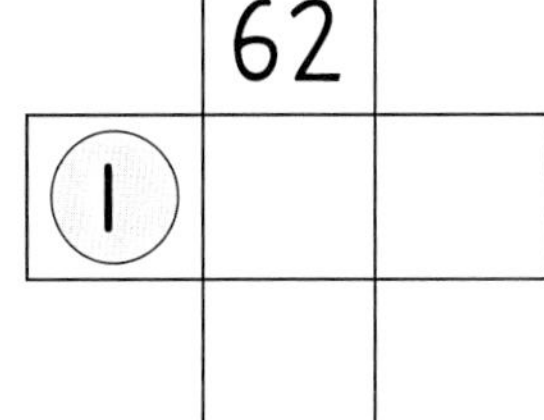

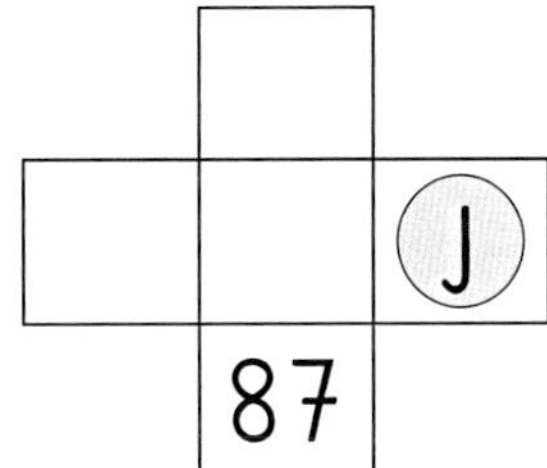

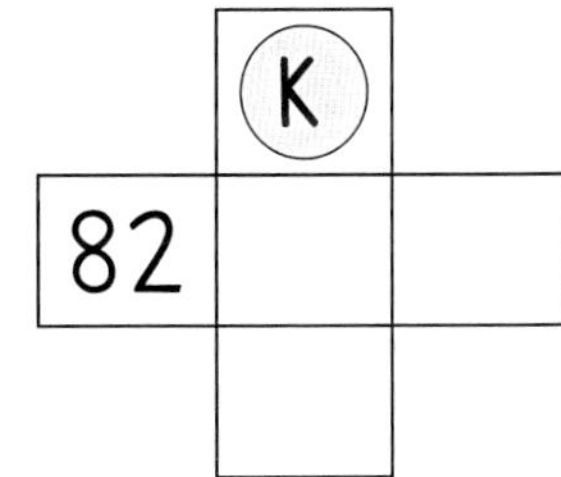

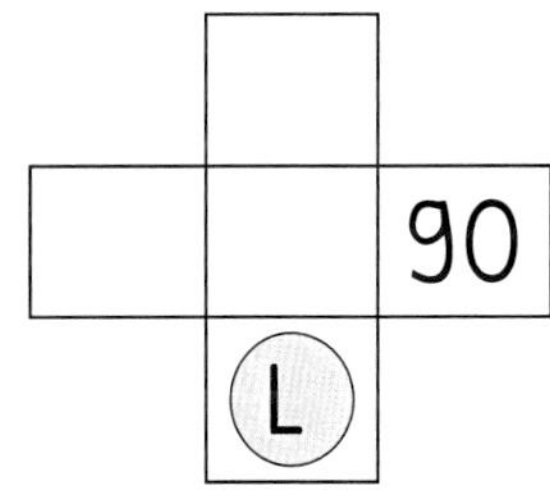

   ★ 

A	B	C	D	E	F	G	H	I	J	K	L

Den Lösungsstreifen vor der Bearbeitung nach hinten knicken.

23	19	33	57	48	46	60	75	71	78	73	99

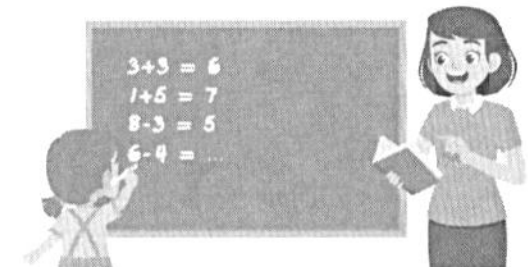

Dein Name: ______________________________

Anspruchsvolle Orientierungsübungen im Hunderterfeld – 5

Schreibe unten zu jedem Buchstaben, welche Zahl an seiner Stelle in dem Ausschnitt aus einem Hunderterfeld steht.

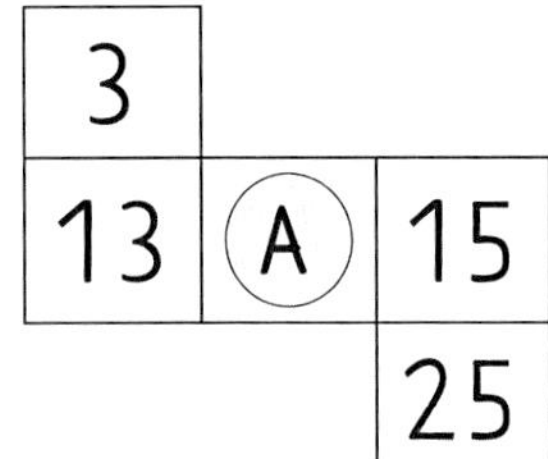

3		
13	(A)	15
		25

14		
24	(B)	26
		36

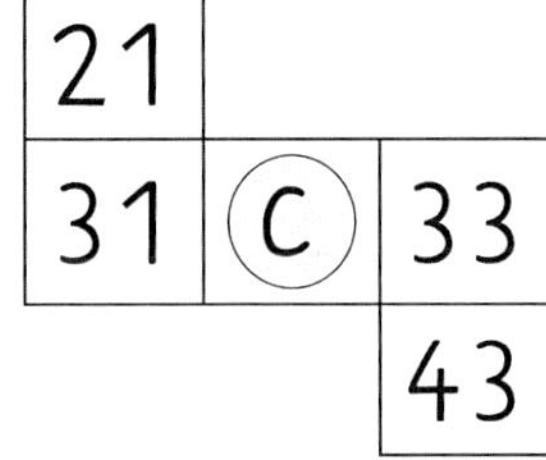

21		
31	(C)	33
		43

26		
36	(D)	38
		48

38		
48	(E)	50
		60

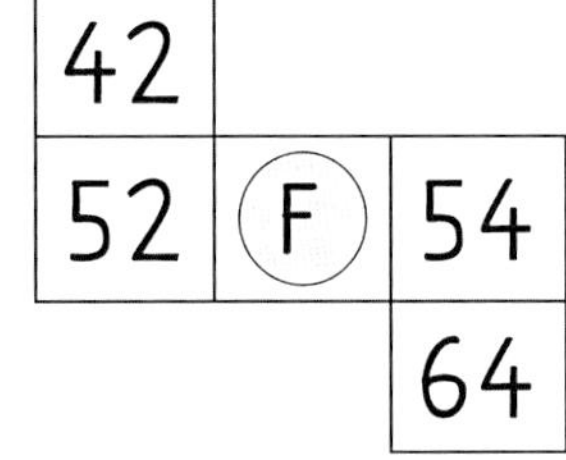

42		
52	(F)	54
		64

53		
63	(G)	65
		75

58		
68	(H)	70
		80

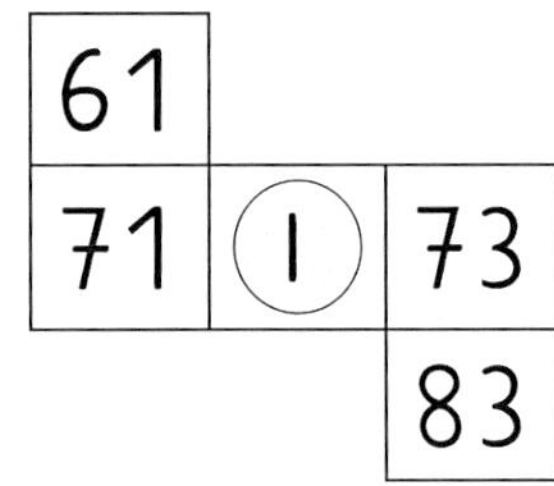

61		
71	(I)	73
		83

67		
77	(J)	79
		89

74		
84	(K)	86
		96

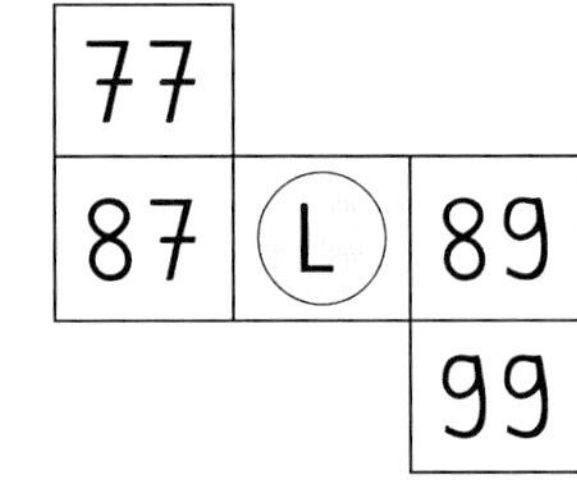

77		
87	(L)	89
		99

   ★ 

(A)	(B)	(C)	(D)	(E)	(F)	(G)	(H)	(I)	(J)	(K)	(L)

Den Lösungsstreifen vor der Bearbeitung nach hinten knicken.

14	25	32	37	49	53	64	69	72	78	85	88

Dein Name: ______________________________

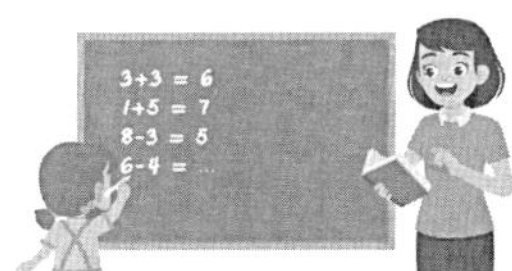

Anspruchsvolle Orientierungsübungen im Hunderterfeld – 6

Schreibe unten zu jedem Buchstaben, welche Zahl an seiner Stelle in dem Ausschnitt aus einem Hunderterfeld steht.

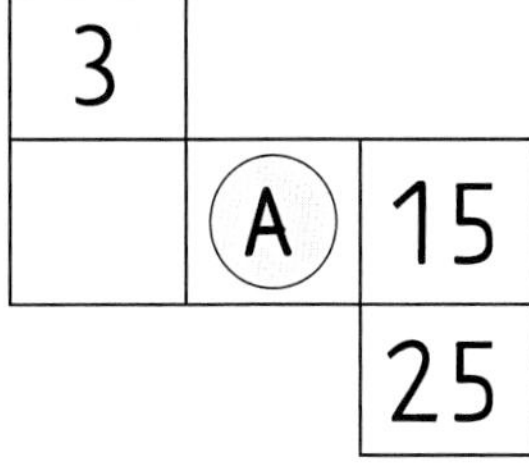

14
B
26
36

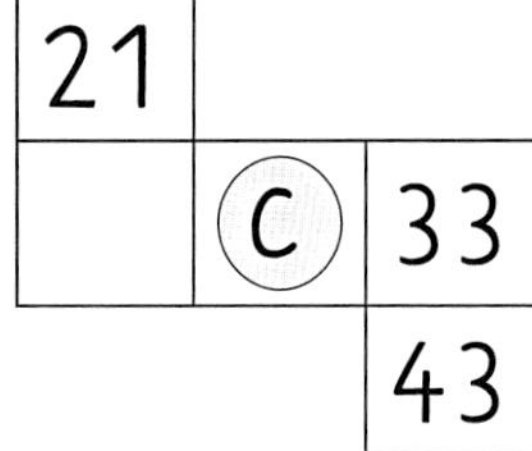

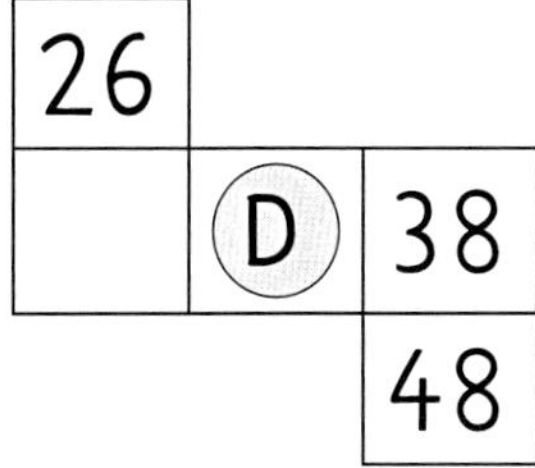

38
E
50
60

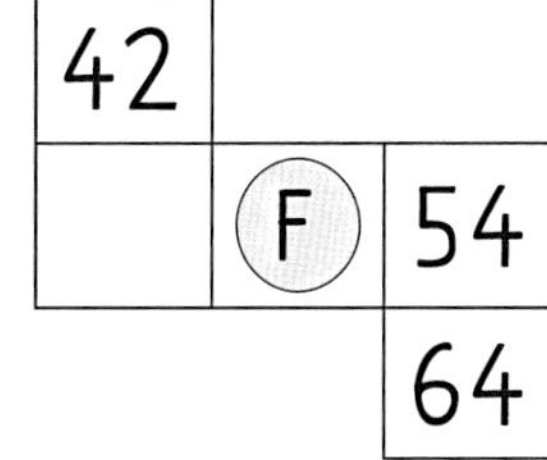

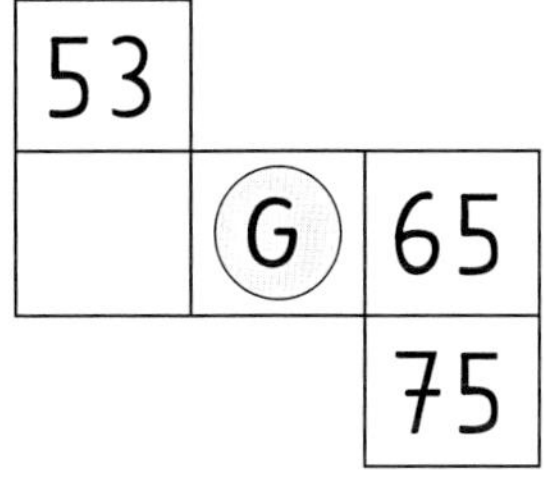

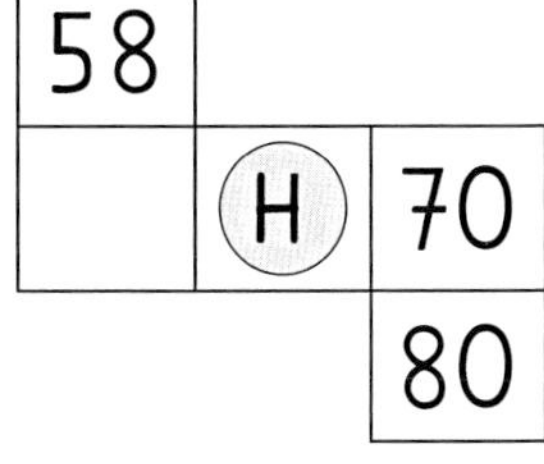

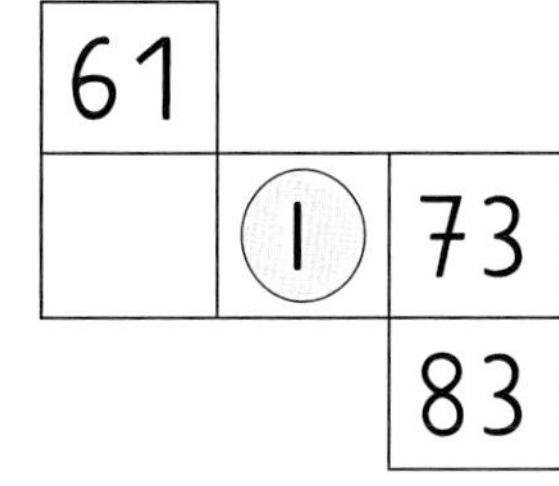

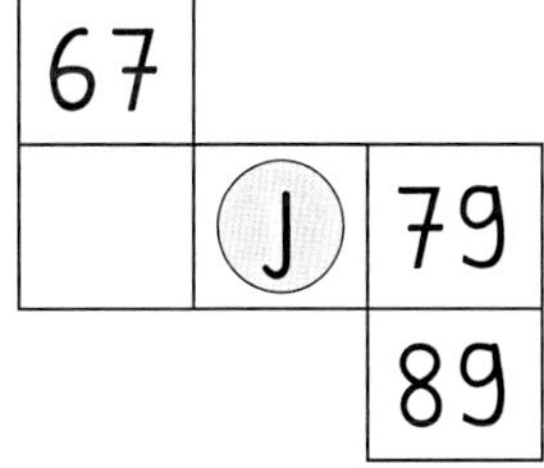

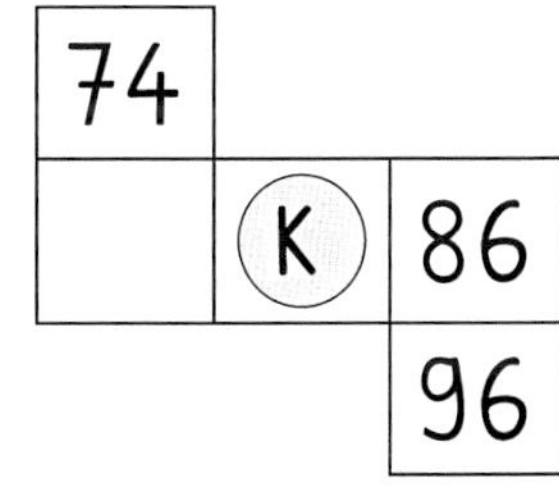

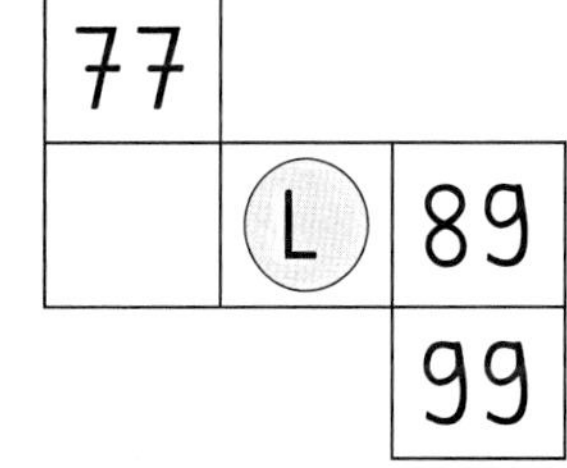

★

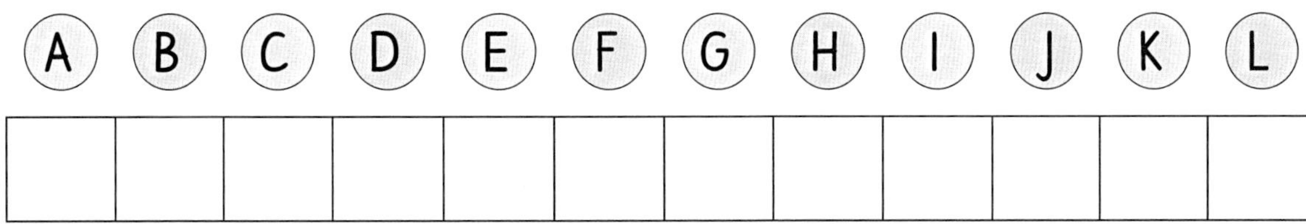

Den Lösungsstreifen vor der Bearbeitung nach hinten knicken.

14	25	32	37	49	53	64	69	72	78	85	88

KOHL VERLAG Übungen im Hunderterfeld – Bestell-Nr. 13 146

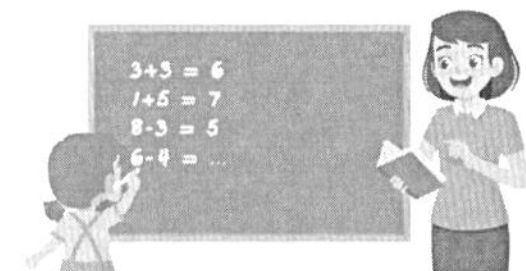

Dein Name: ______________________________

Anspruchsvolle Orientierungsübungen im Hunderterfeld – 7

Schreibe unten zu jedem Buchstaben, welche Zahl an seiner Stelle in dem Ausschnitt aus einem Hunderterfeld steht.

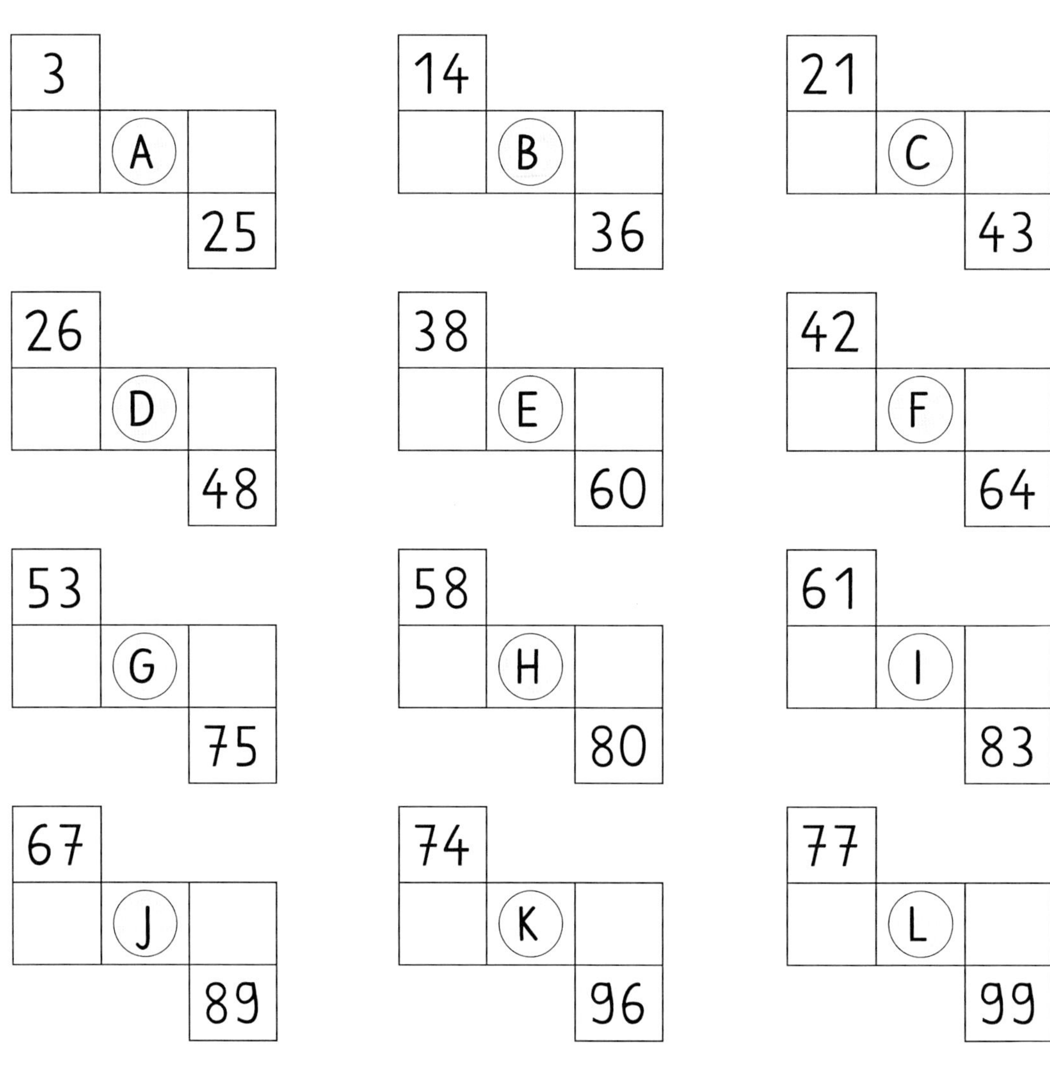

★

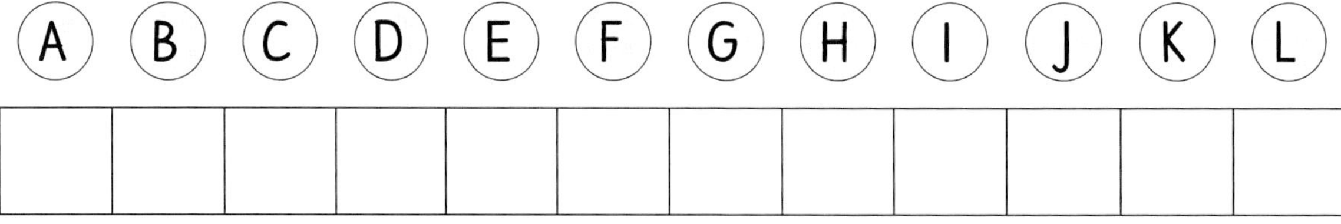

Den Lösungsstreifen vor der Bearbeitung nach hinten knicken.

14	25	32	37	49	53	64	69	72	78	85	88

Dein Name: ______________________________

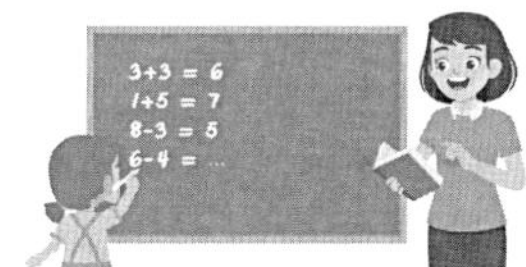

Anspruchsvolle Orientierungsübungen im Hunderterfeld – 8

Schreibe unten zu jedem Buchstaben, welche Zahl an seiner Stelle in dem Ausschnitt aus einem Hunderterfeld steht.

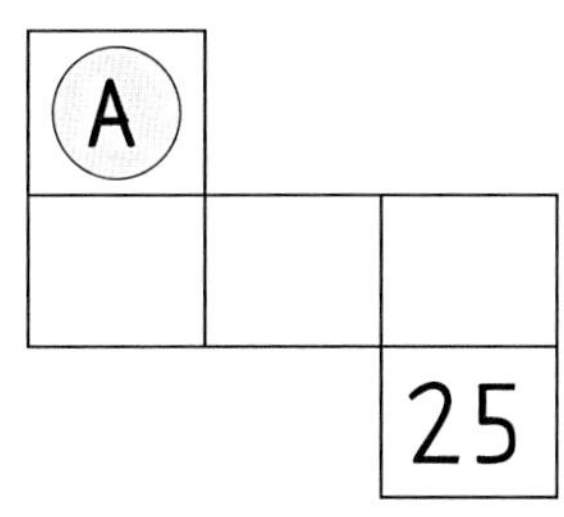

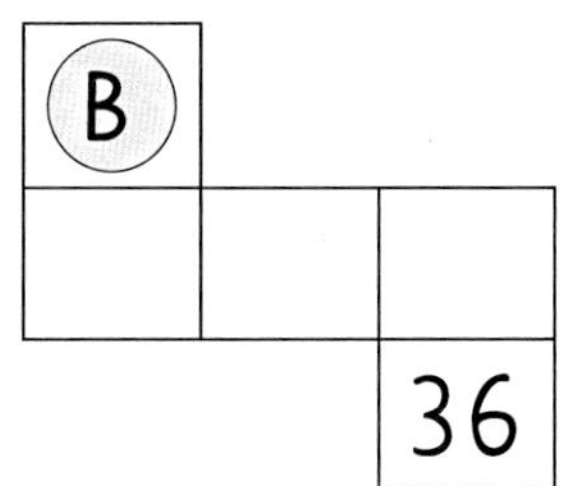

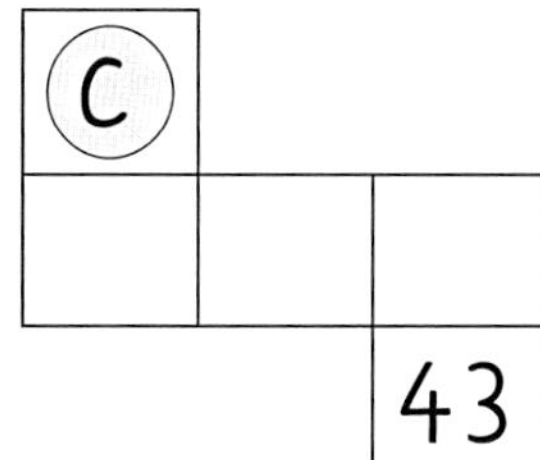

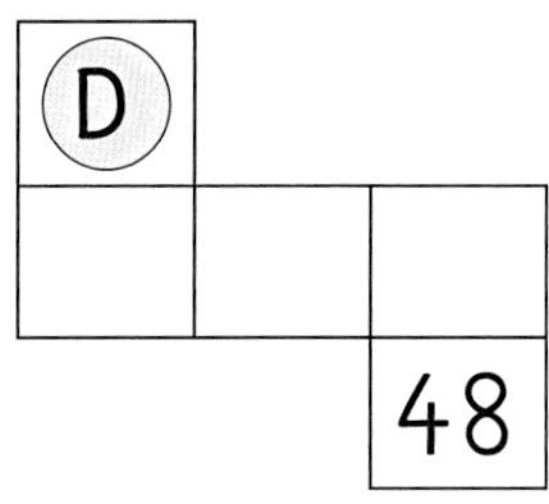

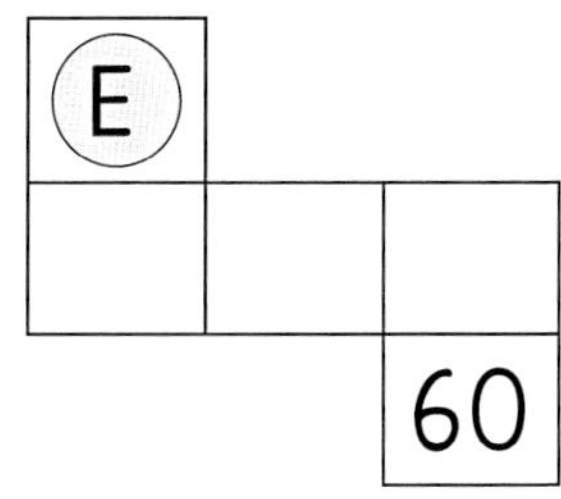

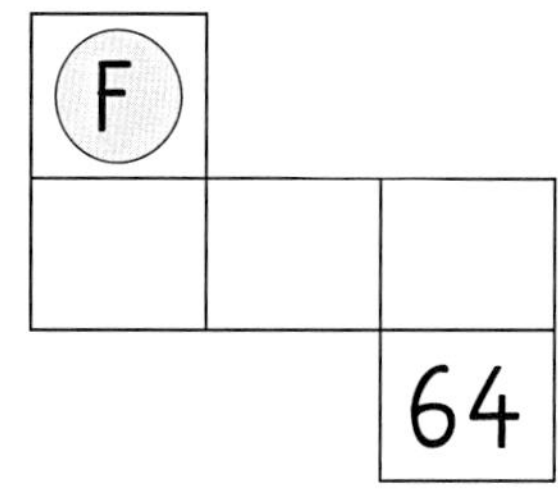

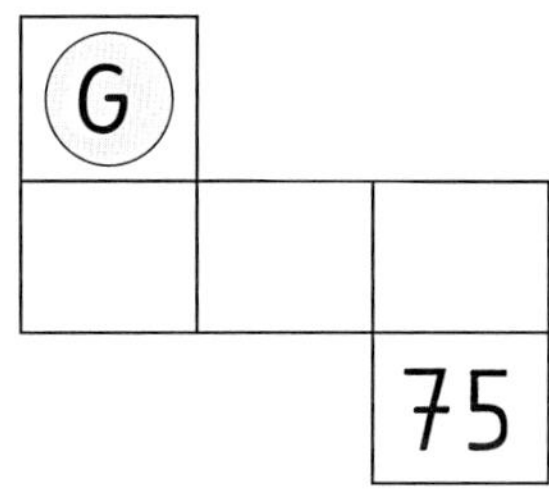

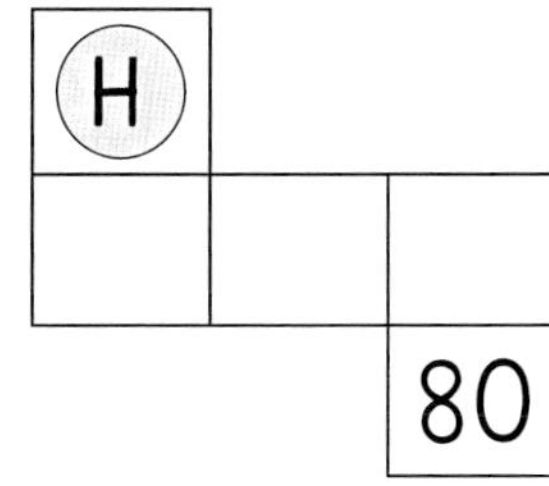

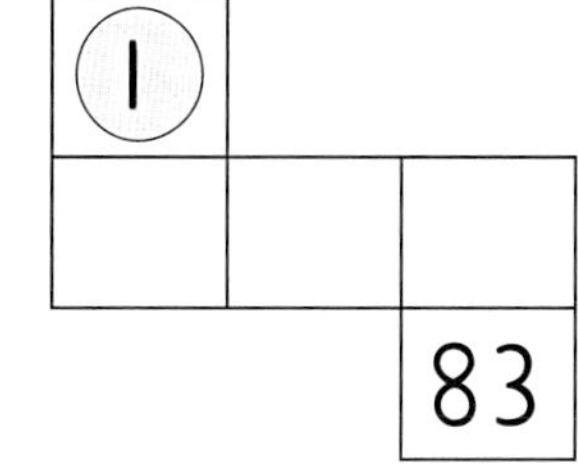

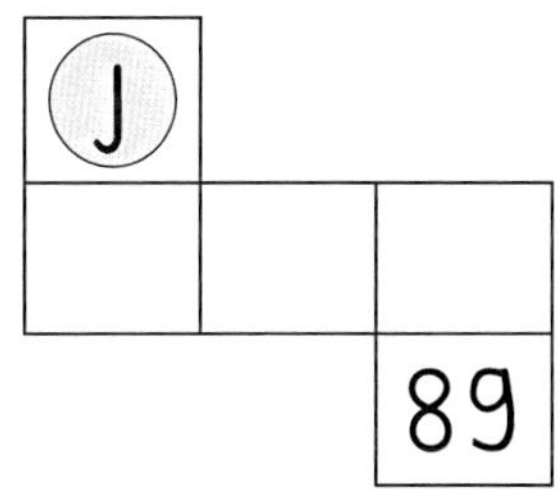

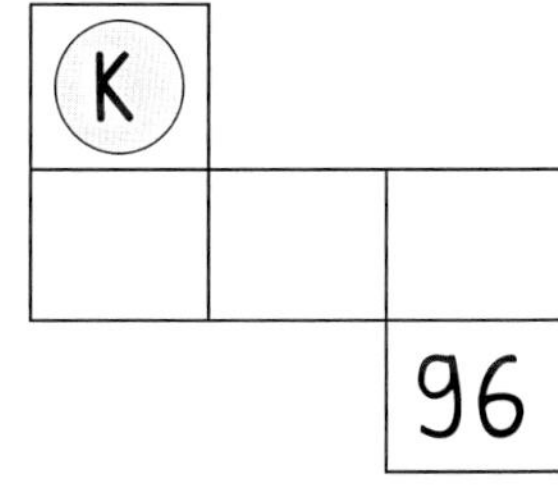

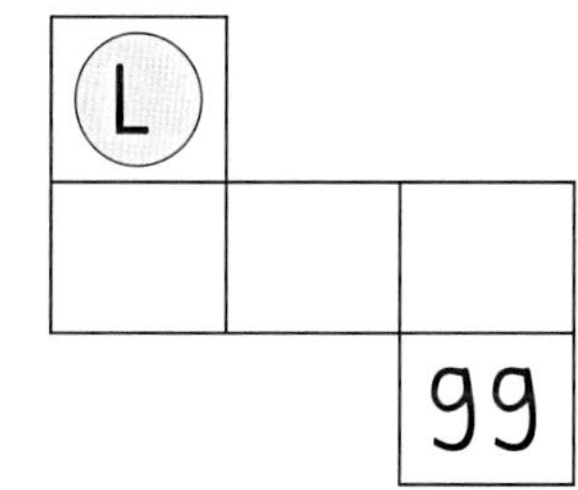

    ★ 

A	B	C	D	E	F	G	H	I	J	K	L

Den Lösungsstreifen vor der Bearbeitung nach hinten knicken.

3	14	21	26	38	42	53	58	61	67	74	77

KOHL VERLAG Übungen im Hunderterfeld – Bestell-Nr. 13 146

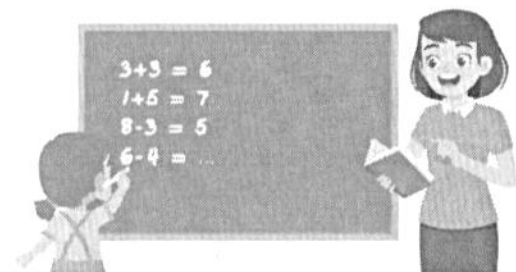

Dein Name: ____________________

Anspruchsvolle Orientierungsübungen im Hunderterfeld – 9

Schreibe unten zu jedem Buchstaben, welche Zahl an seiner Stelle in dem Ausschnitt aus einem Hunderterfeld steht.

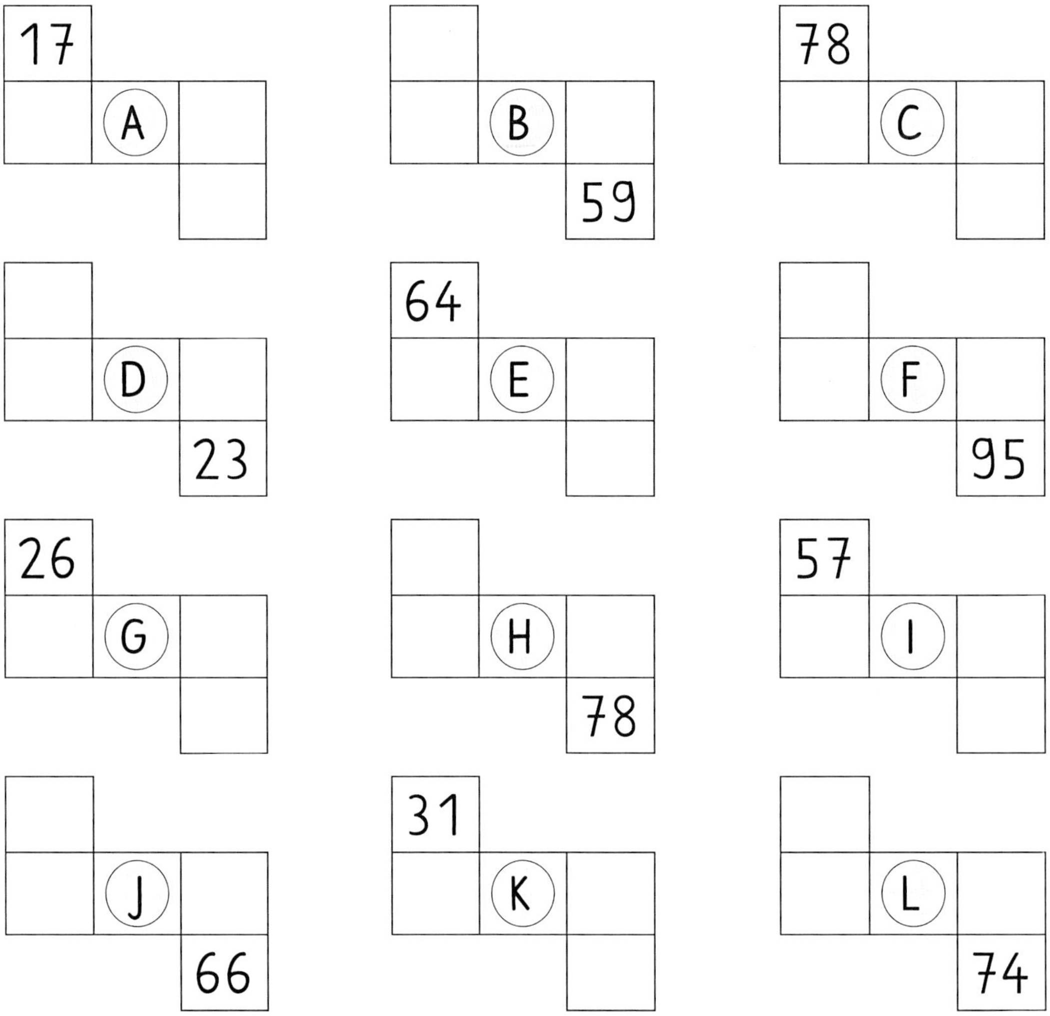

17		
	A	

	B	
		59

78		
	C	

	D	
		23

64		
	E	

	F	
		95

26		
	G	

	H	
		78

57		
	I	

	J	
		66

31		
	K	

	L	
		74

☺ ☐ 😐 ☐ ☹ ☐ ★

A	B	C	D	E	F	G	H	I	J	K	L

Den Lösungsstreifen vor der Bearbeitung nach hinten knicken.

28	48	89	12	75	84	37	67	68	55	42	63